AF362749

INDUSTRIE DU SEL

DANS

LE BASSIN DU DONETZ

(RUSSIE MÉRIDIONALE)

RAPPORT DE MISSION

(Juillet-Août 1888)

PAR

M. E. GRUNER

INGÉNIEUR CIVIL DES MINES

PARIS

IMPRIMERIE ET LIBRAIRIE CENTRALES DES CHEMINS DE FER

IMPRIMERIE CHAIX

SOCIÉTÉ ANONYME AU CAPITAL DE SIX MILLIONS

Rue Bergère, 20

1888

INDUSTRIE DU SEL

DANS

LE BASSIN DU DONETZ

(RUSSIE MÉRIDIONALE)

———

RAPPORT DE MISSION

(Juillet-Août 1888)

PAR

M. E. GRUNER

INGÉNIEUR CIVIL DES MINES

TABLE DES MATIÈRES

TABLEAU DES DIVERSES MESURES

Mesures de longueur.

La Verste (500 sagènes). . . . . == $1.067^m,000$

La Sagène (3 archines). . . . . == $2^m,134$

L'Archine (16 verchoks). . . . . = $0^m,7113$

Le Verchok . . . . = $0^m,0444$

Mesures de superficie.

La Déciatine (2,400 sagènes carrées) . . . . = $1^{hect},0925$

Mesures de poids.

Le Poud (40 livres). . . . . = $16^k,380$

La Livre. . . . . = $0^k,409$

Mesures des matières liquides.

Védro. . . . . = $12^{lit},298$

Monnaies.

Rouble (100 copeks).	*Rouble or* (employé seulement pour les droits de douane).	$3^{fr}96$
	Rouble argent (papier-monnaie) valant le 15 août 1888, environ. . . .	2 50
Copek.	*Copek or*.	0 04
	Copek argent.	0 025

INDUSTRIE DU SEL

DANS LE BASSIN DU DONETZ

PREMIÈRE PARTIE

DESCRIPTION GÉNÉRALE DE LA RÉGION
ORIGINE DES EXPLOITATIONS

Les steppes dénudées et presque absolument horizontales, qui s'étendent dans tout le midi de la Russie, sont, entre le 47e et le 49e degré de latitude, le 35e et le 37e degré de longitude Est de Paris, interrompues par une série de collines, qui forment ce qu'on a appelé la chaîne du Donetz.

Les plus hautes de ces collines ne dépassent guère de plus de 150 mètres le niveau général des plaines; les pentes sont le plus souvent très douces ; la terre noire de Russie recouvre presque partout les plateaux et s'est répandue de là sur les flancs des coteaux, de sorte que les affleurements des couches disparaissent presque complètement sous un voile toujours le même.

Aussi est-il très difficile de pouvoir reconnaître la nature des terrains qui existent à quelques mètres de profondeur.

Il a cependant été publié en 1869, à Saint-Pétersbourg, une carte à l'échelle de 1/420,000ᵉ qui donne sur la région des renseignements les plus précieux.

Les quelques courses d'exploration très localisées que nous avons pu faire nous ont permis de vérifier les données de la carte dans les régions qui avoisinent immédiatement les exploitations salines.

Faisant abstraction des accidents locaux, et ne regardant que les grandes lignes, nous dirons que la chaîne du Donetz, dirigée dans son ensemble ENE-OSO est formée par un bombement de roches anciennes (gneiss, granites et schistes anciens), sur lesquelles reposent avec une plongée générale vers le NNE des couches successives de calcaires et schistes houillers surmontées de couches alternantes d'argile, de marnes et de grès permiens, et enfin de calcaires crétacés plus ou moins marneux par places.

La ville de Bakhmout est à peu près au centre de cette région ; elle est située sur une petite rivière, la Bakhmoutka qui court Sud-Nord pour aller se jeter dans le Donetz à environ 30 verstes Est de Slaviansk.

Les terrains de la rive droite sont à pente très douce et sont d'une remarquable fertilité ; sur les rares points où le cours des petits affluents a recoupé la terre noire sur toute son épaisseur, on reconnaît que le sous-sol est formé d'argiles et de marnes bigarrées appartenant au terrain permien.

Les berges de la rive gauche sont à pente plus raide, et se distinguent de suite par leur stérilité relative : elles sont formées par le terrain crétacé ; et dans ce terrain on reconnaît à première vue deux groupes de couches très différentes les unes des autres.

a. Les couches inférieures, argilo-calcaires, sont encore couvertes d'une certaine végétation.

b. Les couches supérieures sont formées d'une craie blanche sur laquelle presque rien ne peut pousser.

Cette ligne des affleurements du crétacé supérieur nous a paru le seul repère certain dans toute cette région.

Le gisement salifère du Donetz est situé au milieu du terrain permien ; il est donc très important de bien connaître les limites du terrain houiller sur lequel reposent les couches permiennes.

Partout où apparaissent au jour le terrain houiller et les roches anciennes, on est assuré que le permien ne s'est pas déposé et que par suite le gîte salin n'existe pas.

Il faut également connaître les affleurements du crétacé sous lequel plonge le permien ; car on est certain que le gîte salin ne pourra, si même il existe, être rencontré au delà de ces limites qu'à des profondeurs qui croîtront au fur et à mesure de la distance des affleurements, sauf bien entendu certains accidents locaux, comme à Slaviansk, où les argiles permiennes forment un ilot isolé au milieu du crétacé.

Les données géologiques actuelles sont tout à fait insuffisantes pour permettre d'évaluer la superficie des terrains permiens affleurant ou recouverts dans le Sud de la Russie ; d'ailleurs cette évaluation ne conduirait à aucune conclusion ; car il est à noter que les couches de sel ne sont au milieu des terrains permiens que des *accidents absolument locaux*, généralement très peu étendus ; c'est ce que nous a montré l'étude que nous avons poursuivie sur place.

Grâce à sa solubilité, le sel, s'il a jadis affleuré sur certains points, ne se montre plus nulle part au jour ; les couches argileuses qui l'enserrent se sont rapprochées et soudées ; et le seul indice qui puisse porter à notre connaissance la présence du sel c'est l'existence des sources salines.

ORIGINE DES EXPLOITATIONS DE SEL

Ce sont les sources ou puits salés de Slaviansk qui ont révélé en premier lieu l'existence du sel dans cette région.

L'importance de cet indice a passé très inaperçu.

Dans son exploration si remarquable de toute la chaîne du Donetz pour le compte et par les ordres du prince Démidoff, M. Leplay, en 1840, ne s'est que peu arrêté à l'étude des sources de Slaviansk, et rien n'indique, croyons-nous, dans son travail si complet, qu'il ait même eu la pensée que le sel gemme pût exister sur ce point en gîte exploitable.

Ce n'est qu'en 1873 qu'un premier sondage de recherches, exécuté à Slaviansk, a fait constater à 112 mètres de profondeur une première couche de sel de 6 mètres et à 120 mètres une seconde couche de 4 mètres d'épaisseur.

Jusqu'alors on s'était contenté à Slaviansk d'évaporer les saumures provenant des sources naturelles ou des sondages faits sans méthode et sans constatation des couches traversées.

Peu après, M. Scaramanga, propriétaire à Bakhmout, se décida à faire un sondage à peu de distance de la ville. Il partait en plein terrain permien parfaitement reconnu, et à 119 mètres de profondeur, il rencontrait une première couche de sel.

Un accident ne permit pas de poursuivre ce premier travail; mais un second sondage non seulement traversa à 120 mètres de profondeur cette première couche de 4 mètres d'épaisseur; mais fut arrêté vers 165 mètres de profondeur au milieu d'une couche de sel dont 19 mètres venaient d'être traversés.

L'attention du gouvernement fut de suite appelée sur ces faits, et sur les points déterminés par M. Eirofeieff, directeur de l'Institut des Mines à Saint-Pétersbourg, ont été exécutés deux sondages, à

40 kilomètres de distance l'un de l'autre : l'un près des anciennes sources salines de Slaviansk ; l'autre à 15 kilomètres au Nord de Bakhmout, entre Briantzefka et Dékonofka.

Celui de Slaviansk n'a pu arriver au sel par suite d'accidents divers aux appareils et à la colonne du puits.

Celui de Briantzefka montra que la masse saline constatée par M. Scaramanga existait plus puissante et plus pure et atteignait 36 mètres sans aucune interposition de couches argileuses.

Depuis cette époque, et surtout depuis l'ouverture de la ligne du Donetz en 1884, les recherches se sont multipliées, et ont permis déjà de délimiter avec quelque précision *une zone riche en sel* entre Bakhmout et Briantzefka sur une longueur d'environ 14 kilomètres à proximité de la voie ferrée.

On doit se demander s'il n'existe pas d'autres zones qui présentent à la fois des probabilités géologiques de richesse et des conditions favorables d'exploitation grâce à leur proximité de quelque moyen économique de transport.

Nous traiterons cette question dans la quatrième partie de notre travail, après avoir étudié à fond dans les deuxième et troisième parties la zone actuellement reconnue et exploitée.

DEUXIÈME PARTIE

ÉTUDE SPÉCIALE
DES GITES SALINS ACTUELLEMENT EXPLOITÉS

1° Gîte de Slaviansk.

Ainsi que nous venons de le dire, des sources ou puits salins existaient de toute antiquité à Slaviansk, et une industrie restreinte d'importance par suite de l'absence de tous moyens de communication et du manque de combustibles y existait depuis de longues années quand fut exécuté en 1873 le premier sondage de recherches dont nous avons parlé plus haut.

Il y a actuellement trois sondages en exploitation à Slaviansk. Ils fournissent l'eau salée à 23 usines d'évaporation, la plupart sans grande importance.

L'un des sondages appartient à la ville, qui vend l'eau salée aux usines d'évaporation à raison d'un cinquième de copek par vedro (12 litres), soit environ 16 copeks le mètre cube d'eau salée, ce qui, étant donné le degré de salure, correspond environ à 65 copeks par 1,000 kilogrammes ou environ 1 copek de redevance par poud de sel retiré de l'eau salée.

Un autre sondage appartient à M. Michaelovsky, qui a l'usine évaporatoire la plus importante; elle contient 6 poêles.

M. Elinkofsky avait eu en vue d'exploiter le sel gemme. Mais la quantité d'eau qu'il a rencontrée en fonçant son puits a été telle qu'il se contente, lui aussi, d'exploiter l'eau salée.

D'après les statistiques officielles de l'Administration des Mines relatives à 1885, la production en sel évaporé aurait été de 3,432,500 pouds, soit environ 56,275 tonnes.

D'après les chiffres qui nous ont été communiqués officieusement à Pétersbourg, la production de 1886 aurait été de 3,359,733 pouds, soit environ 55,000 tonnes.

Et d'après des évaluations approximatives qui nous été données sur place, la production de 1887 aurait été encore un peu plus faible soit d'environ 3,200,000 pouds, soit environ 52,500 tonnes.

Mais nous devons faire dès maintenant une remarque qui s'appliquera à toutes les statistiques que nous aurons occasion de citer : les chiffres étant acceptés sans contrôle par le gouvernement s'écartent souvent beaucoup de la réalité, soit dans un sens, soit dans l'autre, suivant que les déclarants ont intérêt à exagérer l'importance de leur affaire, ou se préoccupent d'éviter la création de nouveaux impôts ou l'application de taxes existantes.

2° Gite de Bakhmout.

Pour étudier la série des recherches et exploitations des environs de Bakhmout, nous prendrons pour guide la carte cadastrale, dressée par les soins de M. E. de Sinçay, et nous suivrons la voie ferrée en partant de la gare de Bakhmout et en nous dirigeant vers le Nord-Est.

1° Territoire de la ville de Bakhmout — C'est sur le territoire de la ville de Bakhmout que M. Scaramanga fit, il y a maintenant plus de quinze ans, son premier sondage dont nous avons déjà parlé.

Il a depuis fait successivement quatre autres sondages dont trois n'ont pas été heureux.

C'est le cinquième et dernier qui alimente presque exclusivement l'établissement d'évaporation ; ce sondage n'a été poussé que jusqu'aux argiles salifères vers 84 mètres de profondeur. Il fournit en abondance de l'eau presque saturée ; tandis que les autres sondages qui ont été poussés jusqu'à 150 et 160 mètres, et ont été arrêtés dans la grande couche de sel, n'arrivent à donner qu'une quantité beaucoup plus faible d'eau moins fortement salée.

L'usine ne comprend pas moins de dix-huit poêles évaporatoires. Elle a produit, si les renseignements sont exacts :

En 1885 environ 1,250,000 pouds (20,000 tonnes);
En 1886 — 1,500,000 — (25,000 —);
Et en 1887 — 1,300,000 — (22,000 —).

Son prix de vente serait actuellement d'environ 10 copeks le poud en moyenne et serait monté jusqu'à 14 copeks le poud dans la région de la Pologne, où elle a dû vendre, en 1887, environ 6,000 tonnes.

M. Scaramanga paye annuellement à la ville de Bakhmout, sur le territoire de laquelle il s'est établi, une redevance fixe de 300 roubles par an. Il n'a pas à ce prix un droit exclusif sur tout le territoire, mais si la ville de Bakhmout donnait à d'autres le droit de faire des recherches et exploitations, elle devrait, sur la redevance, attribuer à M. Scaramanga une part montant à 2 copeks par poud de sel produit. En fait, une pareille redevance est prohibitive et assure le monopole à M. Scaramanga sur le territoire de la ville.

Le traité doit avoir une durée de quatre-vingt-dix ans.

2° Saline Onoufrieff. (Superficie environ 700 hectares.) — Nous passerons de suite à la seule usine évaporatoire qui est venue, à l'exemple de M. Scaramanga, exploiter le gîte de Bakhmout. Sur la rive gauche de la Bakhmoutka, non loin de la station de Stoupki, M. Onoufrieff, sur un terrain lui appartenant, avait fait un sondage de reconnaissance qui devait, à son idée, être le prélude d'une exploitation de sel gemme. Mais la quantité d'eau rencontrée a été telle que les associés n'ont pas osé avec leur faible capital entreprendre un puits, et ils se sont contentés de construire deux poêles évaporatoires et de pomper l'eau salée.

Cette usine n'a jamais eu qu'une marche irrégulière ; après une interruption de plusieurs mois, elle doit sous peu être mise en marche. En tout cas, dans l'état actuel, ce n'est qu'une affaire de faible importance. Mais par sa position à proximité du chemin de fer et à petite distance du centre du bassin, cette saline doit forcément entrer dans tout projet de groupement.

3° Société Hollandaise. — La Société Hollandaise a une concession de 1,300 hectares; située sur la rive gauche de la Bakhmoutka, elle est traversée par le chemin de fer.

Le puits a été placé à la gare même de Stoupky.

La Société a été créée en 1884, et le puits est entré en exploitation depuis septembre 1887.

Il a atteint le sel vers 170 mètres de profondeur et a recoupé un ensemble de couches de sel de 42 mètres de puissance, y compris six à sept couches d'argile interposées.

Ce qui caractérise la concession, c'est l'absence d'une couche puissante exploitable en une seule masse. Les interpositions de matières étrangères sont si difficiles à séparer sans frais excessifs que l'exploitation se trouve limitée à la couche inférieure qui n'a guère que 8 mètres de puissance.

Dans cette couche, relativement mince, le sel est remarquablement blanc et cristallin, sans apparences aucunes de couches annuelles.

C'est le plus beau sel qui existe dans les différentes mines de la région; mais, nous le répétons, l'épaisseur manque.

Au voisinage du mur, la masse se colore par places en rouge, et on rencontre au milieu du sel des nodules ou veinules plus ou moins fortes d'anhydrite.

La couche plonge sensiblement vers le Sud 70° Ouest, mais la mesure exacte de cette inclinaison est difficile à donner par suite des bombements irréguliers du toit et du mur.

L'exploitation est jusqu'ici peu avancée. Elle n'est qu'en traçage.

On procède par galeries de 2 mètres de hauteur, de 10 mètres de largeur, avec piliers massifs de 6 mètres. Plus tard on procédera par gradins renversés; mais la hauteur définitive des galeries sera limitée à 8 mètres, alors qu'elle atteindra 24 mètres dans la mine de la concession française. D'où une différence considérable dans le prix de revient moyen de la tonne de sel abattu.

La nature des perforatrices employées, la qualité de poudre qui est utilisée, l'excès d'aérage qui exagère l'humidité dans la mine, enfin une série d'autres détails témoignent d'un manque d'expérience du personnel directeur.

Les constructions de la surface qui viennent à peine d'être achevées sont faites avec un certain luxe, mais présentent de graves défauts.

Ce qui caractérise cette installation, c'est qu'elle est faite toute en hauteur : les appareils sont étagés les uns au-dessus des autres.

Au lieu d'un chevalement en bois ou d'une charpente en fer, c'est un bâtiment carré en briques qui a été élevé au-dessus du puits.

La recette est à environ 12 mètres au-dessus du sol et communique par un pont couvert avec l'étage supérieur de la meunerie.

Les sels culbutés des wagonnets passent dans deux broyeurs en forme de moulin à café ; puis sont classés en trois qualités (noisettes, grenailles et fines) par des tables à secousse Rittinger, à deux tôles perforées.

Ces produits peuvent passer directement à la mise en sacs, ou être dirigés vers les moulins pulvérisateurs.

Il y a huit de ces moulins qui sont formés chacun de deux plateaux verticaux tournant en sens contraire, avec des vitesses très inégales et à une distance l'un de l'autre que l'on règle suivant le degré de finesse à réaliser.

Ces plateaux sont dans certains broyeurs cannelés et dans d'autres tout à fait plans.

Les plateaux cannelés désagrègent la masse cristalline ; les plateaux unis broient même les petits cristaux ; ces derniers n'agissent qu'en raison de la différence de vitesse des deux disques formant la paire.

Ces moulins ont été construits à Magdebourg.

L'ensemble de cette installation semble présenter de nombreux inconvénients :

a. Elle a été très coûteuse de construction ;

b. Elle ne donne qu'une production très insuffisante ;

c. Elle absorbe beaucoup de force, qui se perd dans les nombreuses transmissions et qui se traduit par l'échauffement du sel ;

d. Elle est très bruyante et accompagnée de si fortes vibrations que le bâtiment en est déjà ébranlé gravement ;

e. Elle doit être très coûteuse d'entretien.

En résumé, la Société Hollandaise n'est qu'à la fin de la période de mise en train ; elle a une couche de sel très pure, mais relativement mince ;

Elle a une installation superficielle qui ne paraît pas devoir répondre au but poursuivi et devrait être profondément modifiée pour devenir pratique.

C'est un producteur qui, à un moment donné, peut devenir un concurrent sérieux, mais qui, avant cela, a encore devant lui une période de tâtonnements et d'essais onéreux.

4° *Société française* (Mine de Karlamofka). — MM. David et Cie ont cédé en 1883 à la Société française la concession qu'ils avaient obtenue du propriétaire du sol, M. Glevtienko.

Cette concession a une superficie de 1,070 hectares ; elle est située sur la rive droite de la Bakhmoutka. Elle est traversée sur plus de trois kilomètres de longueur par la voie ferrée du Donetz et le puits d'extraction est relié à cette ligne par un embranchement d'environ 1,500 mètres de longueur, situé tout entier sur la concession.

La concession a une forme assez irrégulière ; sa plus grande dimension N.-S. a environ 5 kilomètres 1/2 ; sa largeur moyenne E.-O. est d'environ 1 kilomètre 1/2.

Trois puits qui descendent à des profondeurs différentes permettent actuellement un travail dans de bonnes conditions.

Le puits principal, Marie-Henriette, qui a un diamètre de 3^{m},70, a atteint la grande couche de sel à 134 mètres de profondeur et l'a traversée sur 32 mètres d'épaisseur. Il a donc une profondeur totale de 166 mètres et laisse encore une épaisseur de 2 mètres de sel sous le fond du puisard.

La couche a donc *une épaisseur totale de 34 mètres*, sans autres interpositions que de légers filets argileux qui semblent indiquer la succession des dépôts annuels. Aucun de ces filets n'a une épaisseur de plus d'un centimètre, aussi n'y a-t-il pas à s'en préoccuper dans l'exploitation.

Le fonçage de ce puits a donné lieu à de très sérieuses difficultés par suite de la masse d'eau salée rencontrée, mais toutes les difficultés ont été vaincues grâce à l'opiniâtre persévérance des ingénieurs chargés de ce travail, et les cuvelages successifs ont été établis avec tant de soin que le puits est actuellement parfaitement sec, et l'extraction peut se faire dans les meilleures conditions possibles.

Ce qui a permis d'éviter toute présence de l'eau au fond du puits d'extraction, c'est l'exécution successive de deux puits voisins, l'un, Louise, qui a été poussé jusqu'à 96 mètres de profondeur et sert à l'épuisement de l'eau salée qui afflue vers le niveau de 90 mètres; l'autre, Ludovic, n'a été foncé qu'à 32 mètres et sert à l'extraction de l'eau douce.

Avant peu, par une nouvelle galerie partant du niveau de 90 mètres, et par un faux puits intérieur, le puits Louise sera mis en communication avec les travaux souterrains qui se trouveront ainsi posséder deux issues; ce qui est essentiel pour l'aérage et la sécurité des ouvriers et ce qui d'ailleurs sera obligatoire avant peu par décision administrative.

Ce travail ne demandera que peu de mois et ne présentera pas de difficulté puisque la question des eaux ne se présentera plus.

L'exploitation du sel se fait par galeries de 15 mètres de largeur, avec piliers massifs de 12 mètres d'épaisseur. Les galeries forment un damier de voies parallèles espacées de 27 mètres en 27 mètres d'axe en axe, reliées entre elles de 50 mètres en 50 mètres

par des recoupes perpendiculaires de 3 mètres de largeur destinées
à l'aérage.

Chaque galerie est poussée tout d'abord sur 2 mètres de hauteur,
puis relevée à 4 mètres par des coups de mine percés dans le toit.

Ultérieurement par exploitation en gradins renversés chaque
galerie sera portée à 22 mètres, et peut-être à 24 mètres de hauteur.

Le traçage a été fait en laissant sous ses pieds une épaisseur de
sel de 6 mètres, si donc on porte les galeries à 24 mètres de hauteur, on laissera encore au toit une épaisseur de sel de 4 mètres.

Le sel est si compact, si massif que tous les vides tiennent sans
aucun boisage.

L'exploitation se fait au moyen de perforatrices à rotation à la
main (système Mac-Dermoth) d'un maniement très facile ; et l'abatage
au moyen d'une poudre spéciale qui a l'avantage de ne pas noircir
les parois du trou et les fissures produites.

Dès maintenant l'état d'avancement des travaux d'exploitation
est tel que la production est assurée par l'abatage du toit dans
deux chantiers installés en gradins renversés entre 4 et 22 mètres
de hauteur.

Ce mode de travail demande une période préparatoire prolongée
puisqu'il faut constituer pour chaque chantier un tas de sel abattu
qui servira de sol aux ouvriers travaillant en gradins renversés.

La première période de travail a consisté à tracer la galerie AB
— A'B' sur 4 mètres de hauteur.

Puis en partant de l'angle M on s'est élevé en gradins renversés
et on a recoupé sur toute la largeur de 15 mètres de la galerie la
masse de sel jusqu'à 22 mètres de hauteur.

On a constitué ainsi une masse de sel abattu sur laquelle les
ouvriers se tiennent pour travailler sans avoir besoin d'aucune
dépense d'échafaudage.

Actuellement le travail est arrivé à sa période normale, les ouvriers
mineurs attaquent le sel en gradins renversés tout le long de la
pente PQ.

Les rouleurs enlèvent par la galerie AA' tout l'excédent de sel provenant du foisonnement de façon à laisser toujours entre la roche et le tas un vide de 1ᵐ80 à 2 mètres de hauteur. En même

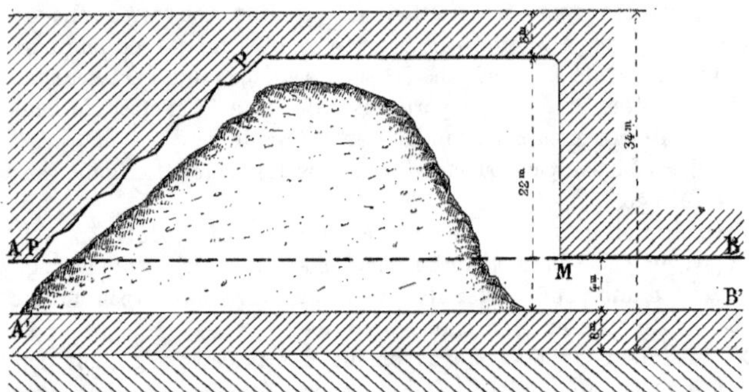

temps les rouleurs enlèvent par la galerie BB' le sel abattu en entamant la base du tas.

Et ainsi peu à peu le travail avancera et il se reformera sans cesse une pyramide de sel abattu qui suivra la paroi en exploitation.

Une production qui peut monter à 120,000 tonnes par an est dès maintenant assurée à la mine de la Société Française par l'exploitation simultanée de deux tas semblables.

Le prix de revient de l'année 1887 a été grevé par l'amortissement des frais d'abatage nécessaires à la formation de ces deux tas de sel, mais actuellement, l'extraction peut égaler l'abatage, c'est ce qui justifie les prévisions de réduction de prix de revient.

L'installation superficielle est vaste, solide et d'une exécution soignée.

Le chevalement du puits est en tôle et cornières; il est entièrement enfermé dans une charpente en bois, qui en est d'ailleurs indépendante.

La machine d'extraction est à deux cylindres horizontaux, elle est de la force de 200 chevaux.

Un ventilateur Guibal, qui n'est d'ailleurs employé que rarement, permet d'assurer en tous temps l'aérage.

La meunerie s'étend à la fois en hauteur et suivant un plan horizontal, de telle façon que les bâtiments élevés comme ceux de la Société Hollandaise sont évités et les reprises trop répétées des mêmes matières qu'on observe à la Société de Briantzefka ne sont pas non plus nécessaires.

Sous ce rapport, comme au point de vue des appareils employés, la meunerie de la Société Française nous a paru très supérieure aux autres installations des mines voisines.

Les sels bruts sortant de la mine passent tout d'abord dans trois concasseurs américains, et tombent dans trois broyeurs Vapart à quatre plateaux du grand type du système adopté à Angleur. Grâce à l'expérience qu'avait de cet appareil le personnel venu de Belgique, les tâtonnements pour la mise en marche de ces appareils ont été évités.

Il a fallu quelque temps pour déterminer les vitesses nécessaires à l'obtention des grosseurs demandées par le commerce. Mais actuellement cette école est faite et le réglage des broyeurs et des trommels classificateurs qui les suivent est définitivement acquis.

L'installation actuelle permet de produire par jour 300 à 350 tonnes de sel broyé aux finesses demandées par le commerce, soit environ 100,000 tonnes par an, sans compter le gros (appelé glybe) qui est livré en roche.

Nous avons été frappé par l'ordre et la propreté qui existent dans tous les ateliers, intérieurs et extérieurs de cette mine; ils sont surtout caractéristiques quand on voit les installations voisines.

Sondage de Samoïlofka (superficie environ 399 hectares). — En continuant à suivre les terrains qui avoisinent le chemin de fer, on rencontre le sondage de Samoïlofka.

Placé sur la rive gauche de la Bakhmoutka sans accès possible au chemin de fer, une exploitation qui s'installerait là serait dans de mauvaises conditions économiques. Ce qui ôte toute importance à cette recherche, c'est qu'elle a été interrompue par les eaux sans même avoir atteint le sel. Ceux qui l'ont exécutée ont quitté le pays et l'affaire semble abandonnée.

5° *Mine de Briantzefka.* — La Société des mines de Briantzefka a acquis le droit d'exploiter sur deux terrains appartenant à M. Ivanoff; ces deux terrains ne sont pas contigus ainsi qu'on peut le voir sur le plan cadastral.

Ils sont séparés par un terrain appartenant aux paysans de Briantzefka et sur lequel M. Ivanoff a, postérieurement à la formation de la Société de Briantzefka, acquis le droit d'exploiter le sel.

Il résulte de cet enchevêtrement que le puits ouvert sur l'une des parcelles, la plus occidentale, dont l'étendue est d'environ 240 hectares ne peut servir à l'exploitation de la parcelle orientale dont la superficie est d'environ 270 hectares.

La mine de Briantzefka est la plus ancienne de la région. Elle a été créée en 1879, elle a commencé son exploitation en 1881, et a déjà produit plus de 450,000 tonnes de sel.

En 1887, elle a expédié plus de 5 millions de pouds (plus de 80,000 tonnes.)

La Société n'a qu'un seul puits, mais pour obéir aux prescriptions administratives, elle s'est entendue avec M. Ivanoff, et, par une courte galerie, a établi la communication avec les travaux de la mine de Dékonofka.

Le puits de Briantzefka comme celui de Dékonofka n'a rencontré aucune nappe d'eau en cours de fonçage, de sorte que ces deux puits ont été peu coûteux à percer, et n'ont demandé aucun cuvelage.

Ces deux mines n'ont aucun épuisement à effectuer; elles sont parfaitement sèches.

Le puits de Briantzefka a recoupé à 84^m 30 une première couche de sel de 3^m 80 et à 107 mètres une seconde couche qui à 35 mètres de puissance. Cette couche plonge vers le Nord-Ouest d'environ 6 degrés.

Pressé de tirer parti du gîte, le directeur de la mine de Briantzefka a commis une faute grave. Plutôt que de traverser la couche reconnue, il s'est hâté d'exécuter le traçage en laissant 15 mètres de sel sous ses pieds ; de sorte que, quoique la couche ait 35 mètres de puissance, il n'est pas possible d'effectuer l'exploitation sur plus de 14 mètres d'épaisseur, puisqu'on a jugé prudent de laisser 6 mètres de sel au toit. Ce qui aggrave encore les conséquences de cette erreur, c'est le fait de la plongée de la couche. En avançant vers le Nord, pour pouvoir maintenir l'épaisseur de 6 mètres au toit, il a fallu réduire peu à peu la hauteur des galeries de 14 à 8 mètres.

Le puits étant situé tout à fait sur la limite Est de la concession, les travaux ont déjà atteint vers l'Est cette limite, et sont arrêtés par ceux de la mine de Dekonofka ; vers le Sud, les travaux ont été interrompus par la crainte de se rapprocher trop de la rivière la Mokraïa Plotva ; vers l'Ouest, la réduction de la hauteur des galeries par suite de la plongée des couches limitera l'extension des travaux. Les travaux ne peuvent donc s'étendre que vers le Nord, et encore à épaisseur réduite. Si une réunion venait à se produire entre les deux mines contiguës, la situation de l'exploitation changerait complètement pour Briantzefka qui pourrait librement s'étendre vers la seconde partie de la concession dont elle est séparée par l'étroite bande de terrain appartenant à la mine de Dekonofka.

A Briantzefka, le sel a une apparence particulièrement lamelleuse ; il est plus friable qu'à Karlamofka ; il est très blanc, mais les intercalations argileuses sont plus épaisses qu'à Karlamofka. Le sel broyé est aussi beau qu'à la Société Française ; mais les blocs de gros ou glybe sont plus friables et moins estimés par le commerce.

L'aménagement intérieur est achevé depuis plusieurs années, et l'exploitation par tas et gradins renversés, que nous avons décrite à propos de la Société Française est en plein fonctionnement.

Deux chiffres caractérisent nettement l'avantage que présente cette méthode d'exploitation ; en ouverture de galeries de 4 mètres de hauteur, on emploie 26 livres de poudre par 1,000 pouds de sel ; en abatage en gradins renversés, sur 14 mètres de hauteur, on n'en emploie que 7.

Les frais de main-d'œuvre d'abatage varient dans la même proportion.

Le puits de Briantzefka est relié à la ligne ferrée du Donetz par un embranchement de 2,500 mètres environ de longueur.

Les installations du puits et des machines sont solides et en assez bon état.

La meunerie se ressent des hésitations de la première heure et des accroissements successifs de la production.

Les appareils sont placés à côté les uns des autres, rarement échelonnés de façon à se desservir mutuellement; de sorte qu'il y a des dépenses excessives de manutentions et de main-d'œuvre, ainsi que de charbon par suite du nombre de petites machines employées comme moteurs.

La matière est d'abord jetée dans trois concasseurs en forme de moulin à café; puis elle passe de là sous des meules en pierre, tournant autour d'un axe vertical; ce sont des meules du type employé pour la mouture du blé.

Les menus produits ont un aspect plus farineux que ceux obtenus avec les Vapart qui semblent mieux convenir quand il s'agit de désagréger une masse cristalline.

En résumé, l'installation de la mine de Briantzefka, malgré les défauts que nous avons signalés, est remarquable sous bien des rapports, surtout si on tient compte qu'elle n'avait aucun précurseur dans le pays.

6° Mine de Dékonofka. — Comme nous l'avons déjà dit plus haut, M. Ivanoff, après avoir cédé à la Société de Briantzefka le droit d'exploiter le sol sur ses propriétés, a acquis ce même droit pour lui-même sur les terrains des paysans de Briantzefka.

Il a transmis ce droit à une Société anonyme créée sous la nom de Société de Dékonofka qui a creusé un puits et exploité jusqu'au 1er janvier 1887.

Ce puits n'est écarté que de 213 mètres du puits de la Société de Briantzefka.

La Société de Dekonofka a retrouvé la même couche puissante, dans les mêmes conditions, et a commis la même faute, en l'aggravant même, puisqu'elle a ouvert l'exploitation en laissant sous ses pieds plus de sel encore que ne l'avaient fait les voisins.

N'ayant qu'une concession très limitée d'étendue, la Société de Dekonofka eût dû procéder d'une façon absolument opposée ; quoi qu'il en soit, dans l'état actuel des travaux existants, l'association des deux mines s'imposera à bref délai. Un premier pas a été fait dans cette voie par l'ouverture d'une galerie qui réunit les deux exploitations.

Nous ne nous étendrons ni sur les travaux souterrains qui ont la plus grande analogie avec ceux de Briantzefka, ni sur l'installation de la meunerie qui est basée sur l'emploi des mêmes appareils groupés de la même façon.

La production de la Société Dekonofka a été en 1887 de 33,000 tonnes. En 1887, M. Ivanoff a racheté la Société de Dekonofka et est aujourd'hui seul propriétaire.

Le même embranchement dessert Dekonofka et Briantzefka.

7° *Mine de la Nouvelle Wieliczka*, au général Maresseff et au comte Milefski. — A 500 mètres à l'Ouest du puits de Briantzefka, sur une concession d'environ 160 hectares, le général Maresseff a foncé un puits qui a traversé la grande couche de sel dans des conditions de puissance plus remarquables encore qu'à Briantzefka. La couche a 36 mètres d'épaisseur.

Le puits a été cuvelé sur 60 mètres de hauteur à cause d'une venue d'eau, et a été fait avec grand soin.

Cette mine pourrait donc prendre une grande importance ; mais pour cela, il faudrait qu'elle pût se relier au chemin de fer. Or, situé à flanc de coteau, séparé du chemin de fer par la rivière la Mokraïa Plotva, le puits ne pourrait être relié à la ligne de Donetz que par un embranchement passant sur les concessions de Briantzefka et de Dekonofka.

A moins d'une entente avec ces deux mines, le général Maresseff en est donc réduit à faire transporter tous ses sels par charrette sur 4 kilomètres de longueur.

Par suite de ces circonstances, le général Maresseff s'est arrêté dès qu'il a eu reconnu le sel; il n'a opéré aucun traçage de galeries, et n'a fait aucune installation à la surface.

Tout donne à penser que cette mine présente beaucoup plus d'avenir que Briantzefka et Dekonofka, puisque la mine est plus puissante, et qu'il n'a pas été fait de traçage mal raisonné ; mais tout est à créer, et rien ne pourra se faire avec chances de bénéfices, à moins d'accord avec les voisins.

8° Mine de Pokrofka. — En se dirigeant vers le Sud-Ouest, à 1,200 mètres du puits de Briantzefka, se trouve, sur la rive gauche de la Mokraïa Plotva, le puits de Pokrofka qui appartient à la Société Lioubimoff, Solvay et Cie.

Cette Société a acquis des paysans de Pokrofka une concession énorme de près de 15,000 hectares.

Tout donne à penser que le sel n'existe à l'état exploitable que sur un angle de cette vaste concession. C'est ce qu'a cru l'ingénieur Setienko premier concessionnaire qui a placé son puits dans l'angle Nord-Ouest de la concession.

Malgré sa position, le puits n'a permis de reconnaître qu'une couche de sel médiocre; il a prouvé que dans cette direction la masse de sel diminuait rapidement d'épaisseur et devenait impure.

La grande couche n'a plus été trouvée qu'avec une puissance de 10 mètres.

Il semble que le mur de la couche plonge de 5° vers le Nord-Ouest tandis que le toit reste horizontal. Si cela est réellement, la couche doit se réduire rapidement vers le Sud-Est et l'Est.

Les travaux ne sont pas assez étendus pour l'établir nettement; mais le sondage Michaelofka situé à 2 kilomètres et demi vers l'Est confirme cette donnée, puisque là la couche n'a plus que 4 mètres de puissance.

La couche est impure ; le sel très noir, avec interpositions horizontales et verticales de lits argileux. Il faut donc opérer un triage avant broyage, et malgré cela, on obtient difficilement un sel bien blanc.

Les travaux intérieurs sont peu développés et conduits jusqu'ici sans grande méthode.

Les installations superficielles sont peu soignées; elles consistent dans un seul grand concasseur en moulin à café et deux paires de meules en pierre du type de Briantzefka avec classement par trommels.

Aux inconvénients résultant de la qualité de la couche de sel, il faut ajouter le fait que la concession ne peut se relier pratiquement à la voie ferrée qu'en traversant la concession de Briantzefka.

L'embranchement de cette Société passe à quelques mètres de l'orifice du puits de Pokrofka. Faute d'entente, le transport par charrettes est seul possible.

Malgré son étendue, la concession de Pokrofka n'a donc qu'une importance secondaire.

Sondages de Michaelofka et de Galouborka. — En continuant à suivre le chemin de fer, vers le Nord-Est, on ne rencontre plus que des sondages ou puits de recherches, qui n'ont trouvé qu'une couche inexploitable.

A quelques kilomètres plus loin, le terrain permien cesse pour faire place au terrain houiller.

TROISIÈME PARTIE

CLASSIFICATION SUIVANT LEUR IMPORTANCE PROBABLE DE TOUS LES TERRAINS DU GITE SALIFÈRE DE BAKHMOUT

L'absence de couches caractéristiques d'une extrémité à l'autre du bassin, le manque d'entente dans la désignation des mêmes terrains qui sont tantôt appelés argiles salifères, tantôt argiles gypseuses, tantôt dolomie, et parfois même anhydrite, rend la comparaison des sondages difficile avec toute la rigueur désirable.

Cependant nous croyons pouvoir tirer les conclusions suivantes de l'étude détaillée à laquelle nous nous sommes livré sur le gîte salifère exploité aux environs de Bakhmout, et que nous avons résumée dans le chapitre précédent :

1° *En s'éloignant vers l'Est* à partir de la mine de Dékonofka, la couche de sel devient impure ; elle décroît rapidement d'épaisseur. De 35 et 34 mètres à Briantzefka et Dékonofka, elle tombe à 10 mètres à Pokrofka, à 4 mètres au sondage de Michaelofka, et à moins de 1 mètre au puits Galouborka.

Par conséquent, en allant vers l'Est et se rapprochant du terrain houiller, la couche principale de sel s'amincit et arrive à disparaître complètement;

2° *En se dirigeant vers le Sud*, à partir de Karlamofka, on trouve les différentes couches de sel rapprochées les unes des autres; mais en même temps subdivisées par un grand nombre de couches minces d'argile et d'anhydrite. De sorte que sur l'ensemble de 42 mètres de sel, il n'y a plus qu'une couche unique de 8 mètres qui soit exploitable.

Plus au Sud, les cinq sondages effectués par M. Scaramanga semblent indiquer, par les divergences qui les distinguent, une masse irrégulière, mamelonnée. Le sondage Smolianinoff n'a également donné aucun résultat satisfaisant. Par conséquent, en se rapprochant du terrain houiller vers le Sud, la masse saline devient moins pure, se subdivise en couches minces et disparaît.

3° *En se dirigeant vers l'Ouest*, à partir de la rivière de la Bakhmoutka, le terrain permien plonge sous le terrain crétacé qui forme les berges de la rive gauche de la rivière.

Cette zone n'a été explorée qu'à faible distance de la rivière ; elle n'a fourni aucun résultat satisfaisant, de sorte qu'aucune suite n'a été donnée aux recherches.

Si même de nouvelles recherches venaient à modifier les connaissances actuelles, le relief du sol offrirait aux transports de réelles difficultés. Il faudrait pour atteindre le chemin de fer acquérir le droit de passage d'anciens exploitants et jeter un pont sur la rivière.

Pour tous ces motifs, il semble peu probable qu'il puisse s'établir de longtemps sur la rive gauche des exploitations avantageuses

4° *En se dirigeant vers le Nord*, à partir de Karlamofka, on traverse d'abord la région riche en sel exploitée par les trois puits de Dekonofka, Briantzefka et de la Nouvelle Wiéliczka, mais plus loin on ne trouve plus aucun sondage.

De Karlamofka à Wiéliczka, la grande couche conserve toute sa puissance ; il est donc probable qu'elle se prolonge vers le Nord, et que des exploitations *abondantes* pourraient être créées dans cette direction. Mais il faut bien remarquer qu'on s'éloigne ainsi du chemin de fer, et s'engage dans une vallée sans aucune route. L'exploitation deviendra donc rapidement *onéreuse* par suite des difficultés de transports tant qu'un chemin de fer ne sera pas construit dans la partie basse de la vallée de la Bakhmoutka. Aucun projet de ce genre n'existe à notre connaissance.

La partie du bassin à la fois riche et bien desservie par le chemin

de fer forme donc un rectangle allongé, dont le puits de Karlamofka serait à peu près le centre.

Si donc on voulait posséder le monopole de l'exploitation du sel
gemme de cette région, il faudrait s'assurer la complète possession
de toute la surface de ce rectangle ; et pour parer à toute éven-
tualité, il faudrait s'entourer comme d'un glacis d'une série de
concessions secondaires qu'on accaparerait mais qu'on ne mettrait
pas en valeur.

Nous classerons donc les terrains en plusieurs groupes suivant
leur importance.

Premier Groupe.

a. La concession de Karlamofka est la plus importante :

1° Par la puissance et la pureté de la grande couche ;

2° Par le bon aménagement de l'exploitation qui permet de prendre 24 mètres de sel par un seul traçage ;

3° Par l'état actuel des travaux préparatoires qui permettra de
produire, s'il le fallait, 150,000 tonnes par an ;

4° Par le bon outillage des puits et de la meunerie ;

5° Par l'existence de trois puits, dont le second pourra, en moins
de trois mois quand on le voudra, être poussé jusqu'au sel et utilisé
pour l'aérage, tout en continuant à servir à l'épuisement ;

b. Les concessions de *Briantzefka et Dekonofka* ont, par leur réunion, une importance presque égale.

Si la couche est au moins aussi puissante qu'à Karlamofka, elle
rend beaucoup moins par mètre de galerie d'avancement ; en effet
le traçage a été fait trop haut dans la couche, de sorte que la hauteur des galeries, nous l'avons déjà dit, ne peut nulle part dépasser
14 mètres et tombe dans certaines directions à 8 mètres, d'où une
augmentation sensible du prix de revient du poud de sel.

Restant isolées, ces deux exploitations se limitent mutuellement
par suite de l'enchevêtrement des terrains ; réunies, elles peuvent

former un ensemble où l'extraction et l'aérage se feront dans de bonnes conditions.

L'outillage de l'un et l'autre établissement se ressent des tâtonnements de l'origine, et il est dans un état d'entretien assez médiocre. Malgré cela, il est encore capable de rendre de grands services, surtout quand il sera mieux surveillé.

c. La concession du général Maresseff (Nouvelle Wiéliczka), possède un puits foncé avec soin, en bon état, mais il n'a été fait aucun travail de traçage ; il n'existe ni outillage, ni embranchement de chemin de fer. La puissance et la pureté de la couche (35 mètres de sel) font toute la valeur de la concession.

d. Les terres de *M. Tereschenko* (N° 39. 204 hectares), et de *M. Péounoff* (N°ˢ 13 et 14. 1,020 hectares) sont traversées par le chemin de fer ; elles sont situées dans la région où le sel existe certainement avec la même puissance de 34 mètres, la même pureté que dans les deux concessions voisines, l'une à l'Est (Briantzefka), l'autre au Sud (Karlamofka). Leur possession est donc de première importance.

e. Nous classerons encore dans le premier groupe, malgré la médiocrité de la couche, mais en raison des installations existantes : (puits, meunerie, chemin de fer) les deux concessions de la *Société Hollandaise* et de la *Société Solvay* (Pokrofka).

f. Nous considérons encore comme importantes, la parcelle N° 53 (700 hectares) sur laquelle se trouve la saline de M. Onoufrieff; la petite parcelle n° 52 (25 hectares) qui appartient aux paysans de Koudriafka, et la parcelle n° 54 (700 hectares) des frères Sabo, parce qu'elles sont traversées par le chemin de fer et que le sel y existe certainement dans un état de puissance et de pureté intermédiaires entre ce qui a été constaté à Karlamofka et à la Société Hollandaise ; et enfin, la parcelle n° 2 (frères Sabo et Schepeleff), parce qu'elle est traversée par le chemin de fer et quoique le sel n'y soit probablement qu'en couche fort médiocre.

Si on arrivait à grouper dans les mêmes mains ces différentes concessions salines :

1° On aurait une *concession dont la superficie totale* serait de :

Numéro cadastral	Désignation	Superficie
		Hectares
N° 41	Karlamofka.	1.070
17	Briantzefka.	506
16 et 18	Dékonofka.	172
15	Nouvelle Wiéliczka.	157
39	Téréchenko.	204
13 et 14	Péounoff	1.020
45	Société hollandaise.	1.300
37	Société Solvay (Pokrofka) . . .	14.598
53	Onoufrieff.	700
52	Koudriafka	25
57	Frères Sabo.	700
2	Frères Sabo.	169
	Total.	20.621

soit environ 21,000 hectares.

2° On occuperait *les deux côtés de la voie du chemin de fer* sur un parcours d'environ 30 kilomètres, c'est-à-dire sur toute la partie du parcours où le gîsement salin semble exister dans cette région, et on pourrait, tant que la législation actuelle n'aura pas été modifiée, empêcher tout exploitant étranger de se relier par rail avec le chemin de fer.

3° On aurait deux groupes de mines puissamment outillées et complètement aménagées qui, à elles seules, sont en état dès maintenant de produire 250,000 tonnes de sel :

a. D'une part, Briantzefka et Dékonofka réunies qui ont déjà produit 155,000 tonnes et pourraient facilement porter leur extraction à 160,000 tonnes :

b. D'autre part, Karlamofka, qui a marché en novembre-décembre 1887 sur le pied de 80,000 tonnes et qui a utilisé l'arrêt des expéditions causé par le manque de wagons dans le premier semestre de 1888, pour développer son aménagement, de sorte qu'elle serait en peu de semaines en état de produire régulièrement 120,000 tonnes.

En ne parlant pas de la vaste parcelle n° 46, territoire de la ville de Bakhmout, nous admettons :

1° Que la Société de Scaramanga continuera à ne faire que des sels d'évaporation ;

2° Que les deux commerces des sels gemmes et des sels d'évaporation s'adressent à des clientèles assez distinctes pour qu'il n'y ait pas nécessité de les grouper.

Nous croyons que même si on trouvait une bonne couche, ce qui ne résulte pas des recherches, une exploitation par galerie ne serait plus possible maintenant qu'un si grand nombre de sondages ont amené les eaux au milieu des couches profondes ; et les détails que nous avons pu recueillir sur la question commerciale montrent, comme nous le développerons plus loin, que les deux clientèles sont assez nettement distinctes.

Deuxième groupe.

Quelques parcelles qui contiennent certainement la couche de sel dans de bonnes conditions, mais que leur faible étendue ou leur éloignement du chemin de fer rendraient d'une exploitation peu avantageuse, pourraient cependant, comme mesure de précaution, être acquises ou louées également.

Ce seraient :

Hectares.

En premier lieu, la parcelle n° 19.   953
(princesse Tcherkavskaïa), où le sel doit exister en couche
puissante, mais qui est séparée du chemin de fer par la
vallée de la Mokraïa Plotva.

Ensuite la parcelle n° 12. Ivan Mankoff. 500
       —   n° 10. Marie Trefilioff.   399
       —   n° 38. Paysans de Nikiforofka. . . .   27
       —   n° 40.   —   de Blagordonaïa . . .   20
       —   n° 51.   —   de Proskaveika. . . .   30

La parcelle n° 50, frères Téréchenko.   250
qui, par son angle oriental, touche au chemin de fer, mais
dans une position telle que tout raccordement semble impossible.

La parcelle n° 43. Paysans de Podgorodni.   73
      —   n° 44. Anna Kitschinka.   165
      —   n° 3. Paysans de Ilinofka.   121
                                 Soit environ. 2.538

3° *Quant aux autres terres*, elles ont, à notre avis, une importance
notablement moindre, soit à cause de leur éloignemeut de toute
voie de communication, soit à cause de la probabilité que la couche
y sera mauvaise.

Si donc nous résumons les acquisitions et locations à réaliser en
les classant en :

    a. Terres formant les concessions déjà existantes ;
    b. Terres à acheter ou à prendre en concession ;
    c. Terres à prendre en concession qu'on ne peut acheter actuellement,

Nous aurons :

	a.	b.	c.	Total.
1er Groupe.	17.803	2.793	25	20.621 hectares.
2e —	»	2.122	416	2.538 —
	17.803	4.915	441	23.159 hectares.

QUATRIÈME PARTIE

COUP D'ŒIL SUR LES AUTRES DISTRICTS
DE LA RÉGION DU DONETZ, OU EXISTE LE TERRAIN PERMIEN

(QUI CONTIENT LES COUCHES DE SEL)

Poussant plus loin l'étude, nous devons nous demander s'il ne pourrait pas exister d'autres régions salifères exploitables dans le bassin du Donetz.

Pour cette étude, faute de temps et de moyens de communications, nous avons dû nous contenter d'observer la carte géologique.

L'absence complète de routes dans le bassin du Donetz rend les transports si difficiles qu'on ne peut considérer comme concurrence à craindre que les exploitations qui existent ou se créeraient à proximité du chemin de fer.

Voyons quelles sont ces régions :

1° *Ligne de Lozovaïa à Slaviansk et à Kramatorofka*. — Au centre de cette région, à Slaviansk, un sondage officiel a reconnu, nous l'avons dit plus haut, deux couches de sel : l'une de 6 mètres, l'autre de 4 mètres; mais nous ne croyons pas que le sous-sol ait été exploré plus loin et qu'on ait constaté l'existence de puissantes couches exploitables par puits et galerie.

Jusqu'ici on s'est contenté de faire des sondages pour aller chercher des couches d'eau salée. Il n'y a pas moins, aux environs de

Slaviansk, de vingt à vingt-cinq petites usines d'évaporation des saumures, groupées autour des trous de sonde faits par la ville, ou par des particuliers.

Le nombre de ces sondages rendrait en tous cas impossible la création d'exploitation par puits au voisinage de Slaviansk. En s'éloignant vers Kramatorofka, on se rapproche des affleurements du terrain houiller; d'après ce que l'étude du gisement de Bakhmout a appris, il y a peu de chance de trouver dans cette partie amincie du permien un gîte salifère puissant.

Si l'on pouvait trouver des couches exploitables, ce ne serait guère qu'au delà de Slaviansk vers Lozovaïa. Aucun sondage n'a été exécuté et rien ne prouve l'existence de couches puissantes. Il n'y a là qu'une présomption.

2° *Ligne de Kramatorofka à Marioupol.* — Cette ligne suit presque constamment le contact du permien et du carbonifère sur une longueur de plus de 60 verstes, et au delà le terrain permien disparaît sous le crétacé. Le long de cette ligne d'affleurements, le sel n'existe certainement pas.

3° L'étude que nous avons faite des environs de Bakhmout nous donne la preuve que ni sur le parcours Kramatorofka-Bakhmout, ni sur celui de Dékonofka vers l'Est, le sel n'existe en masses exploitables.

4° Au delà de *Briantzefka vers le Nord*, en descendant le cours de la rivière, il semble probable que le sel existe en masses puissantes. Mais tout moyen de communications manque.

Il y a là un gîte qu'il sera important de reconnaître et sur lequel il sera essentiel de mettre la main s'il apparaissait quelque projet de voie ferrée. Mais cette région est actuellement sans danger.

En résumé, les seules régions de la contrée du Donetz où l'exploitation peut actuellement avoir lieu fructueusement sont :

1° *La région de Slaviansk;*

2° *La région de Bakhmout-Briantzefka.*

La région de Slaviansk est limitée et de plus elle semble complètement réservée à la fabrication du sel d'évaporation; en effet, les sondages ont rencontré beaucoup d'eau et pas de couches puissantes.

Quant à la *région de Bakhmout*, elle est englobée dans presque toutes ses parties situées à moins de 4 verstes du chemin de fer, dans le projet présenté par la Société Française, sauf le territoire de la ville qui est affecté à la saline évaporatoire de M. Scaramanga.

Nous concluons donc que le groupement proposé, et tel que nous l'avons exposé plus haut, nous paraît assurer à la Société qui le réaliserait le monopole de l'exploitation des sels gemmes dans la région du Donetz, tant que des gisements nouveaux n'auront pas été reconnus et qu'ils n'auront pas été desservis par des chemins de fer.

CINQUIÈME PARTIE

ÉTUDE DES PRIX DE REVIENT

Nous avons pu examiner dans tout leur détail les prix de revient de la Société Française.

Pour les autres exploitations, nous avons dû nous contenter de procéder par comparaison.

Comme dans toute affaire nouvelle qui n'a pas atteint sa pleine production et qui consacre une partie de ses forces à préparer son champ de travail, les prix de revient de la Société Française ont subi des variations considérables d'un mois à l'autre. Ils ont été en 1887, année de création, de 4 copeks en moyenne par poud avec un maximum de 5 cop. 361 en avril pour une production de 156,426 pouds, et un minimum de 3 cop. 172 en novembre et décembre pour une production de 1,205,091 pouds.

Chacun de ces prix comprenait des travaux préparatoires importants et un amortissement considérable d'outillage.

Pour ces motifs, nous n'avons pas pu prendre simplement pour base de nos évaluations les prix de revient de 1887 ; nous avons dû plutôt adopter la dernière période de l'année, celle où la production s'est le plus rapprochée de celle qu'on a en vue.

Le tableau ci-joint établit les prix de revient dans trois hypothèses *(Voir tableau n° 1, pages 54 et 55).*

1° Production de 6 millions de pouds (100,000 tonnes).

Nous avons établi ce premier prix en étendant à l'année entière les résultats d'une période de deux mois et demi de 1887, déduction faite de quelques dépenses qui avaient un caractère extraordinaire de première installation. Nous obtenons ainsi, comme prix de revient sur wagon à la mine, sans les frais généraux de la Direction centrale, le prix de 2 cop. 78, soit *2 cop. 8*.

2" Production de 9 millions de pouds (150,000 tonnes).

a. — En adoptant la même base que ci-dessus pour une production de 150,000 tonnes par an, le prix tomberait à 2 cop. 396, soit 2 cop. 4 ;

b. — En adoptant comme base, non plus les dépenses du quatrième trimestre 1887, mais les dépenses du premier semestre 1887, alors que l'organisation était moins complète, on trouve que le prix de revient serait de 2 cop. 6.

Par conséquent, en faisant une large part à l'imprévu, nous croyons qu'on peut dire que le prix de revient à la mine ne dépasserait pas :

3 copeks pour une production de 100,000 tonnes ou 6 millions de pouds ;

Et de 2 cop. 3/4 pour une production de 150,000 tonnes ou 9 millions de pouds.

Il est à remarquer que la Société Française n'a à payer au propriétaire qu'une redevance fixe annuelle de 7,000 roubles, quelle que soit la production, de sorte que la redevance entre dans le prix de revient pour 0 cop. 116, en cas de production de 6 millions de pouds, et pour 0 cop. 08 en cas de production de 9 millions de pouds.

A Briantzefka, la période d'installation est complètement achevée depuis longtemps ; l'exploitation par dépilage est en plein fonctionnement. Sous ce rapport là, il y a donc une certaine économie dans les matières d'abatage (poudre, etc.) et la main-d'œuvre d'abatage. Par contre, par suite de l'organisation défectueuse de la meunerie, le broyage doit revenir sensiblement plus cher, soit comme combustible, soit comme main-d'œuvre.

Tout compte fait, en faisant aussi intervenir les frais généraux à la mine qui paraissent élevés, l'économie réalisée d'une part doit être perdue par les autres articles.

Contrairement à ce qui existe à la Société Française, la Société de Briantzefka paye une redevance proportionnelle à la production :

De 1 copek pour le premier million de pouds;

De 3/4 copek pour les deuxième et troisième millions de pouds ;

De 1/2 copek pour les autres millions de pouds.

Ce qui monte :

Pour une production de 6 millions de pouds à 0 cop. 66 ;

Et pour une production de 9 millions de pouds à 0 cop. 61 ;

L'excédent de redevance, par comparaison avec la Société Française est donc :

En cas de production de 6 millions, de 0 cop. 55,

Et en cas de production de 9 millions, de 0 cop. 53.

Tenant compte de cet élément, nous dirons donc que le prix de revient de la mine de Briantzefka ne s'éloignerait pas beaucoup de:

3 cop. 1/2 en cas de production de 6 millions de pouds,

Et de 3 cop. 1/4 en cas de production de 9 millions.

Les autres exploitations étant en cours d'installation, il est impossible d'évaluer leur prix de revient et cela serait sans intérêt puisqu'elles sont appelées à être abandonnées.

Nous rappelons que le prix de revient ne comprend que les dépenses effectuées à la mine, sans frais généraux de la Direction et de l'Administration centrale, ni intérêts des capitaux engagés à un titre quelconque.

SIXIÈME PARTIE

STATISTIQUE GÉNÉRALE DE LA PRODUCTION DES SELS
EN RUSSIE
RÉPARTITION GÉOGRAPHIQUE DES PRODUITS

Avant d'examiner la situation commerciale proprement dite, nous chercherons d'abord à nous rendre compte de ce qu'est l'importance relative des centres de production des sels de toute nature en Russie, de leur rayon d'action et du rôle que peut jouer l'importation des sels étrangers.

Nous recourrons pour la première question aux statistiques officielles russes; malheureusement, elles sont publiées tardivement et, d'après ce que nous avons pu en juger par les renseignements qu'elles donnent sur les salines du Donetz, les chiffres ne peuvent être acceptés que comme une grossière approximation, puisque le gouvernement les inscrit sans les contrôler.

Quoi qu'il en soit, la production des sels en Russie peut se résumer de la façon suivante :

Statistique officielle des mines et usines de Russie publiée par le Comité scientifique des Mines.

	ANNÉE 1885 (D'APRÈS LA PUBLICATION OFFICIELLE)		ANNÉE 1886 (D'APRÈS UNE COMMUNICATION OFFICIEUSE) (1)	
	Pouds.	Pouds.	Pouds.	Pouds.
1º SELS GEMMES.				
Orenbourg	2.251.007		1.509.249	
Donetz. Briantzefka	5.449.279		6.094.596	
Dékonofka	1.488.478	6.937.757	2.704.059	10.208.255
Karlamofka	»		1.500.000	
Pokrofka	»		9.600	
		11.454.950		13.488.751
Erivan-Kars	1.966.486		1.771.277	
2º MARAIS ET LACS SALANTS :				
a. *Dragage* :				
Astrakan. { Baskountchak	11.115.029		11.871.325	
{ Divers lacs	3.151.928	14.266.957	2.941.890	14.813.245
Divers . . . | Kerson, Bakou, Daghestan		3.885.373		2.755.159
				17.368.374
		18.152.330		
b. *Evaporation naturelle* :				
Crimée	16.168.640		16.983.037	
Sibérie. Arkangel	1.777.373	17.946.013	1.305.156	18.288.493
c. *Evaporation artificielle* :				
1º *Au bois.* — Perm	16.065.790		13.266.135	
2º *A la houille.* — Donetz	4.990.200	21.927.132	4.924.400	18.578.553
Divers (Irkoutsk, Vologda, etc.)	871.142		388.018	
TOTAL GÉNÉRAL		69.180.425		67.923.871 (chiffre provisoire)

(1) La statistique officielle de 1886 n'a pas encore paru. Les chiffres ci-dessous nous ont été communiqués officieusement par le secrétaire du Comité scientifique des Mines.

Nous voyous, d'après le tableau ci-contre, que la situation du sel peut se résumer comme suit :

1° Sels gemmes :

Deux régions de production qui fournissent, en 1885, 16 0/0 de la totalité des sels et 20 0/0 en 1886 :

a. Dans le sud de la Russie, le plus important de beaucoup qui est le bassin du Donetz produisant en 1885 10 0/0, et en 1886 15 0/0 de la totalité des sels;

b. Vers la *Sibérie* et le *Transcaucase* loin de toute voie rapide ou économique de communication, quelques autres gisements ne fournissant que 5 à 6 0/0 de la production totale.

2° Sels d'évaporation naturelle :

a. Sels de dragage de lacs salés :

Sur le bas Volga, près de la Caspienne, les lacs de Baskountchak et autres qui fournissent 26 0/0 des besoins;

b. Sels marins :

Sur la mer Noire, les sels de Crimée et d'Odessa, qui, avec quelques autres salines peu importantes, fournissent, elles aussi, 26 à 27 0/0 des besoins.

3° Sels d'évaporation artificielle :

a. Dans le bassin du Haut-Volga, les salines de Perm, qui ont fourni 23 0/0 de la production en 1885 et 19 0/0 en 1886.

b. Dans le Sud de la Russie les salines évaporatoires du Donetz qui fournissent environ 7 0/0 de la production et envoient des produits spéciaux, très blancs, un peu dans toute la Russie.

Ainsi pour ne voir que les grands courants d'approvisionnements :

Les sels de Perm alimentent tout le Nord-Est de la Russie, et viennent distribuer leurs produits vers l'Ouest de la grande voie ferrée Pétersbourg-Moscou, aussi loin que la distance des transports par terre le permet.

Les sels de Baskountchak alimentent tout le Sud-Est de la Russie; ils sont arrêtés vers le Nord par la lutte contre les sels de Perm, et tendent à pénétrer vers la Russie centrale par toutes les voies ferrées aboutissant au Volga, à Tzaritzine, Saratoff et Samara.

Il est à remarquer que ces voies concourent vers un même centre de Griazi à Riazan; ce qui limite la région desservie.

Les sels de Crimée alimentent le Sud-Ouest, en remontant toutes les voies ferrées et le Dniéper et viennent par mer, en contournant toute l'Europe, desservir les ports de la Baltique et la mer du Nord, quand le taux du fret le permet.

Les sels du Donetz, nouveaux venus sur le marché, se sont faits une place dans toute la Russie centrale, grâce aux trois grandes lignes ferrées qui remontent de la mer Noire vers le Nord et ont acquis une sorte de monopole dans les pays qui ont de tous temps employé le sel gemme, et ne peuvent plus que difficilement rester en relations d'affaires avec leurs anciens fournisseurs.

Ainsi les sels du Donetz ont de suite occupé une place prépondérante en Pologne qui était dès le Moyen Age habituée aux sels gemmes de Wieliczka, dont elle s'est trouvée séparée brusquement par l'élévation des droits de douane en 1883.

Ils ont aussi, grâce au chemin de fer Transcaucasien, été appelés à lutter avec succès à Tiflis contre les sels gemmes d'Erivan, qui n'ont à leur disposition que des moyens de transports rudimentaires.

La rapide extension du commerce des sels du Donetz, qui a atteint en peu d'années (1881 à 1887), si on ne parle que des sels gemmes, environ 200,000 tonnes, tient à plusieurs causes :

a. Comme nous l'avons déjà dit, le paysan polonais, habitué de tout temps aux blocs et aux grenailles de sel gemme de Wieliczka, s'est rejeté sur celui du Donetz, dès que les droits de douane ont fermé la frontière aux sels autrichiens;

b. Cette même habitude invétérée de l'emploi des sels gemmes a facilité l'ouverture des relations avec le Transcaucase, grâce au chemin de fer;

c. Le bel aspect blanc du sel gemme, son état de siccité complète, etc., l'ont fait adopter peu à peu, et le feront accepter de plus en plus dans la Russie centrale, en concurrence avec les sels de Crimée qui sont humides, et se fondent en partie dans leur eau de cristallisation, et les sels de Baskountchak qui sont toujours jaunes et impurs.

Cependant, si les sels du Donetz ont de grand avantages, ils paraissent au premier moment présenter quelques inconvénients, et tout particulièrement l'intensité de salure toute spéciale des sels gemmes est pendant quelque temps un obstacle à leur extension par suite de la routine des consommateurs. Mais sur plusieurs points, où cette différence avait d'abord été un obstacle à la vente, elle est devenue depuis un avantage réel.

SEPTIÈME PARTIE

SITUATION LÉGALE DU COMMERCE DES SELS EN RUSSIE

Droits d'entrée.

A partir du 1er juillet 1881, le droit d'accise de 40 copeks par poud de sel a été supprimé et la vente du sel déchargée de tout impôt spécial.

Jusqu'en 1883, le sel entrait en Russie franc de droits, de sorte que les sels gemmes de la région de Cracovie-Wiéliczka alimentaient seuls la Pologne russe et que les sels gemmes de Roumanie pénétraient dans le Sud-Ouest de la Russie, tandis que, sur les côtes de la Baltique, il entrait des quantités importantes de sels étrangers et surtout anglais.

En 1883, le droit d'entrée a été porté brusquement à 20 copeks or par poud, soit environ 32 copeks papier au cours actuel de 2 fr. 50 c., ce qui correspond environ à 48 fr. 80 c. par tonne, droit qui en fait est prohibitif, sauf circonstances tout à fait exceptionnelles.

Ainsi dans l'hiver 1887-88, quand les sels ont manqué en Pologne en raison de l'interruption prolongée des relations avec le Sud, par suite des neiges, le commerce a dû s'adresser dans une certaine proportion aux sels étrangers; mais il n'y a eu là qu'un fait exceptionnel et cette protection de vingt copeks or par poud suffit pour réserver complètement même la Pologne aux producteurs russes.

HUITIÈME PARTIE

ORGANISATION COMMERCIALE

Toute la vie commerciale est en Russie concentrée le long des lignes de chemins de fer et du cours de certains fleuves par suite de l'absence de toutes routes qui permettent le transport de masses lourdes en toutes saisons.

Ce sont donc les lignes de chemins de fer qui servent de base à toute l'organisation des transactions.

a. D'une façon générale, chacune des salines du Donetz a, sur chaque grande ligne de chemin de fer, un agent local de vente. Cet agent reçoit par wagon de 600 pouds ou 10 tonnes, expédié et payé, une commission variable de 2 à 6 roubles (en moyenne de 3 roubles). Il supporte ses frais de déplacements, mais n'est généralement pas ducroire pour la marchandise.

Cette garantie n'est d'ailleurs que peu nécessaire ; en effet, le wagon voyage en port dû, et n'est livrable par le chemin de fer que contre remboursement du prix de la marchandise (1).

Pour toute relation nouvelle, il n'y a pas de vente à crédit, et le seul risque que court l'expéditeur, c'est que le wagon soit refusé ou non réclamé à l'arrivée, auquel cas, le chemin de fer l'en avise de suite par télégramme de service. Il peut donc ou le diriger sur un autre point, il ne supporte alors, comme perte, que la différence des trans-

---

(1) Ce remboursement est effectué généralement dans les quarante jours du départ du wagon.

ports ; ou bien s'il s'agit d'une qualité spéciale, le pis est qu'il laisse vendre le wagon par le chemin de fer qui s'indemnise ainsi d'une partie du transport non payé. S'il y a excédent de frais de transport, le chemin de fer n'a pas de recours contre l'expéditeur.

Une autre habitude russe, celle de remettre toujours des arrhes, généralement 10 roubles par wagon de sel, en envoyant la commande, couvre en tous cas le vendeur au moins du prix de revient du sel.

b. Pour la Pologne, pour la région du Nord (Dunabourg-Riga) et pour quelques autres centres importants de vente, chaque saline a eu un véritable agent, qui est ducroire pour la marchandise, et a déposé un important cautionnement. Cet agent opère ses règlements à 50 ou 60 jours, du jour du départ du wagon, ce qui avec les longs délais de transport correspond au règlement à 30 jours, du jour de la réception.

c. Pour Moscou, la Société Française a une organisation spéciale; elle a un dépôt auquel elle vend le sel, et qui, sur les prix qu'il obtient, doit couvrir tous ses frais, et doit réaliser des bénéfices.

Ce dépôt est justifié par l'importance locale de la vente en demi-gros et par la nécessité pour toute Société russe de s'affirmer dans la ville qui est le centre de tout le commerce russe.

Cette organisation a permis à la Société Française d'écarter toute concurrence des autres sels gemmes sur la place de Moscou.

Cette agence est également chargée de la vente des sulfates de soude de l'usine des Lacs de Batalpachinsk dans toutes les parties de la Russie.

NEUVIÈME PARTIE

PRIX DE VENTE DES SELS GEMMES

Au moment où, en 1886, la Société Française apparut sur le marché des sels, en Russie, la production de 135,000 tonnes environ des mines et usines du Donetz avait trouvé à se placer, soit en Pologne, soit dans la Russie centrale, sans engager de lutte ardente contre les anciens fournisseurs, de sorte que les prix de vente étaient maintenus relativement élevés par rapport au prix de revient, ainsi que le montre la première colonne du tableau n° 2 ci-joint (voir page 56).

Pour la Pologne, par suite de la préférence invétérée de la population pour le sel gemme, le prix de 13 copeks n'était pas contesté, et pour les pays où il y avait lutte il suffisait de consentir le prix de 7 ou 8 copeks pour conserver sa place sur le marché, de sorte que, vers le mois de juin 1886, il semble que le prix moyen des sels du Donetz se trouvait être d'environ 10 copeks le poud, soit au cours type de 2 fr. 50 pour le rouble, environ 15 francs la tonne.

L'apparition sur le marché de la Société Française, qui voulait se faire sa place successivement dans chacun des centres de consommation, amena une lutte très vive qui fit tomber les prix sur certaines lignes jusque vers 4 copeks le poud (soit environ 6 francs la tonne), et ce fut particulièrement en Pologne que la baisse fut la plus forte, quoique les producteurs des autres qualités de sels n'entrassent pas en ligne sérieusement, le prix tomba en effet de 13 à 4 copeks 1/2 par poud.

Le prix moyen de vente était, en moins d'un an, tombé de 50 0/0 et n'était plus, en juillet 1887, que de 5 copeks par poud.

Ce prix, s'il couvre encore les frais immédiats d'exploitation en cas de forte production, ne permet ni amortissement suffisant des frais de premier établissement, ni rémunération des capitaux engagés, et il est même tout à fait ruineux pour des affaires nouvelles à faible production.

Cette conviction et l'état général de souffrance amenèrent les différents producteurs à négocier entre eux.

Ils étaient frappés du rôle relativement faible que joue le prix de vente à la mine sur le prix de vente aux lieux de consommation. *(Voir à cet égard le tableau n° 3, page 38.)*

En effet, malgré des tarifs de transport par chemin de fer relativement très bas (1/75e à 1/55e de copek par poud-verste), soit environ 2 cent. à 2.75 par tonne kilométrique, prix justifié par les immenses distances à parcourir, de 800 à 1,200 kilomètres, le prix de la matière n'entre que pour *le tiers* ou *le quart* dans le prix de vente en gros aux lieux de consommation (1).

Par conséquent, une variation même considérable du prix à la mine n'influe que très légèrement sur le prix rendu. Le bénéfice qui résulte pour le consommateur de cette baisse exagérée à la mine n'a donc été que très faible et a le plus souvent profité exclusivement aux intermédiaires.

La possibilité d'un relèvement de prix sans action nuisible sur la consommation paraît donc certaine.

De là à l'idée d'une entente, il n'y avait qu'un pas, et l'accord se fit peu à peu, sans conventions écrites précises, dès l'automne 1887, de sorte que les prix ont été relevés petit à petit, et d'un minimum approximatif de 5 copeks par poud, ils ont passé actuellement à 7 3/4 et 8 copeks. Divers agents de vente que nous avons

---

(1) Si on considérait les prix de vente au demi-gros et surtout au détail, le prix de vente à la mine n'entrerait plus que pour une quantité négligeable, au plus 5 à 8 0/0.

pu voir sont d'avis que le relèvement n'a pas atteint son maximum et peut être poursuivi sans inconvénient.

Evidemment, le chiffre auquel on pourrait arriver, si toute concurrence disparaissait entre les différents producteurs du Donetz, sera très variable dans les différentes directions.

En *Pologne*, et dans la Transcaucasie où les habitudes locales donnent une préférence marquée aux sels gemmes, le relèvement des prix peut être effectué sans tenir autant de compte de la concurrence des sels d'évaporation d'origines diverses.

Le prix résultant pour les sels de Wiéliczka de l'application des droits de douane donne un prix maximum qu'on ne peut dépasser, aussi l'agent de la Société française à Varsovie affirmait-il qu'on pourrait facilement porter les prix à 14 et 15 copeks quoiqu'il y ait environ 18 copecks de plus de transports de Bakhmout à Varsovie, que de Wiéliczka à Varsovie. Nous nous sommes contenté d'admettre 13 copeks.

Pour la Transcaucasie, ce sont les frais énormes de transport des sels d'Erivan, — jusqu'à 60 copeks par poud, — qui permettront certainement d'expédier dans cette direction au prix de 15 copeks et de donner une vive impulsion à la consommation en réalisant sur les frais de vente sur place à Tiflis, une baisse de 15 à 20 0/0.

Dans les autres directions, les prix des concurrents doivent être pris en considération et les prix de vente devront conserver presque partout le caractère de prix de lutte.

Cependant certaines circonstances favorisent spécialement les sels gemmes et en rendent la livraison plus régulière et plus facile au moment où les transports ruraux sont les plus avantageux.

Ainsi les sels de Crimée se transportent difficilement à certaines époques à cause de leur tendance à fondre dans leur eau de cristallisation, d'où une perte sensible au transport.

Il sera donc possible de relever les prix en hiver, là où la lutte sera engagée contre les sels de Crimée.

De là les variations de 8 à 12, 11 à 12, etc., que nous avons admises pour les prix de vente (Voir tableau n° 2).

7

DIXIÈME PARTIE

CONCLUSION

Tout bien considéré, nous croyons donc que si on réalisait une entente entre tous les producteurs de sel gemme du bassin du Donetz, on pourrait, tant qu'il ne se présentera pas sur le marché de la Russie centrale et méridionale de nouveaux producteurs de sel, relever et maintenir le prix de vente à la mine à environ 10 à 10 copeks 1/2 par poud soit 15 fr. 25 à 16 francs la tonne.

Ces prix de vente en gros, sur wagon à la mine, comparés aux prix de revient de 2 3/4 à 3 copeks par poud, soit 4 fr. 20 à 4 fr. 60 la tonne, prix qui ne comprennent, nous le rappelons, ni frais généraux de direction, ni intérêts de capitaux, laissent un bénéfice d'environ 11 francs par tonne pour rémunérer les capitaux engagés et amortir toutes les dépenses effectuées, soit deux millions à deux millions et demi de francs suivant la production.

ANNEXE

LACS DE BATALPACHINSK
ET FABRICATION DU SULFATE DE SOUDE

N'ayant pas été appelé à me rendre aux lacs de Batalpachinsk, il m'est impossible de donner aucune appréciation sur la nature et la richesse de ce gisement si spécial, et je dois me contenter de résumer en quelques mots les renseignements verbaux que j'ai pu recueillir.

Les eaux des lacs de Batalpachinsk sont une dissolution plus ou moins concentrée, suivant les époques et les circonstances climatériques, de chlorure de sodium et de sulfate de soude.

C'est grâce à une connaissance approfondie des circonstances qui produisent les variations du degré de salure qu'on peut saisir le moment où la dissolution se prêtera le mieux au traitement et donnera le maximum de rendement.

Ces variations sont la conséquence des propriétés de ces deux sels, dont l'un, le sulfate de soude, a une solubilité croissante avec la température jusqu'à 34° centigrades, puis rapidement décroissante, et l'autre, le chlorure de sodium, a une solubilité peu variable avec la température.

Par conséquent, en été, la proportion de sulfate en dissolution tend à croître avec la température et elle est surtout élevée à la fin des journées les plus chaudes; tandis qu'en hiver le chlorure de sodium domine dans l'eau et le sulfate de soude s'est déposé sur les boues du fond du lac.

On pompera donc en été l'eau des lacs dans des bassins étanches où le sulfate de soude se déposera en hiver et pourra être recueilli sous forme de cristaux appelés kriga, de sulfate de soude à 10 équivalents d'eau.

Il suffit de redissoudre ce sulfate vers 34° centigrades et d'élever la température de la dissolution jusqu'à 60 ou 70° pour faire déposer le sulfate anhydre parfaitement blanc et pur, qu'un simple essorage permettra de livrer à la richesse de 99 0/0 de sulfate pur.

Ce qui a limité jusqu'ici l'exploitation des eaux des lacs et la production du sulfate, ce sont les difficultés dues au manque de personnel et de moyens de transports, joints à des droits de douane insuffisamment protecteurs (15 copeks or par poud) et à des tarifs de transports excessifs. Ils assimilaient le sulfate à un produit pharmaceutique.

Une modification récente des tarifs de transports a déjà permis un certain débit des sulfates des Lacs.

Une décision impériale, qu'on laisse entrevoir à bref délai et qui relèvera les droits de douane de 15 à 30 copeks or par poud, donnera une marge beaucoup plus grande encore entre les prix de revient et de vente.

Dès maintenant, sans même tenir compte du relèvement des droits de douane, si l'usine pouvait résoudre la question ouvrière, elle pourrait vendre 250,000 pouds de sulfate anhydre au prix de 50 copeks le poud en gare de Nevinominsk. Ce prix semble devoir laisser un bénéfice de 15 à 16 copeks par poud. Le relèvement du droit d'entrée doublerait presque le bénéfice si, comme on semble le dire, le prix de vente pouvait bénéficier de la totalité du droit.

La question actuellement à résoudre est la constitution d'un personnel ouvrier par introduction d'hommes venant de la Russie centrale.

TABLEAUX

Tableau nº 1.

Prix de Revient.

6,000,000 DE POUDS

	A. — PRODUCTION EN MILLE SOIS ET NOTRE JOURS de 1,265,991 pouds DÉPENSES EFFECTIVES du 1er novembre 1887 au 18 janvier 1888 (1er janvier mise)	FRAIS ESTIMATIFS DE PRODUCTION POUR UNE ANNÉE SUR LA BASE DES CHIFFRES A	
	roubles.	roubles.	copeks par poud.
Frais généraux	3.615 22	18.076 10	0 301
Frais indirects	4.632 63	20.298 45	0 338
Extraction. { Matières d'abatage .	0.830 34	30.443 45	0 508
Main-d'œuvre	5.569 52	22.203 03	0 370
Autres frais	2.343 67	11.713 35	0 195
Épuisement	1.464 58	7.324 90	0 122
Chaudières	534 21	2.671 05	0 045
Entretien général	4.111 55	30.557 75	0 343
Embranchement	276 02	1.380 10	0 023
Écurie	835 04	4.175 20	0 060
Infirmerie	457 31	2.286 55	0 038
Meunerie	5.175 01	25.875 05	0 432
	38.264ʳ 90	167.009ʳ 50	2ʳ 783

Dont à déduire immobilisations amorties dans cette période :
Travail d'effondrement . 2.631 44
Travaux préparatoires . 3.224 90
4.850 34

9,000,000 DE POUDS

	FRAIS ESTIMATIFS DE PRODUCTION ÉTABLIS SUR LES RÉSULTATS DU 1er SEMESTRE 1887		FRAIS ESTIMATIFS DE PRODUCTION ÉTABLIS SUR LES RÉSULTATS DU 2e SEMESTRE 1887		
	roubles.	copeks par poud.		roubles.	copeks par poud.
Frais généraux	19.898 42	0 221	Augm. de 5.000 . .	21.075 10	0 234
Frais indirects	17.690 28	0 197		27.298 15	0 221
Extraction. { Matières d'abatage	43.931 60	0 488	Augm. proportionnel	45.951 87	0 507
Main-d'œuvre	50.303 40	0 558	id.	51.934 57	0 570
Autres frais	30.042 55	0 333	id.	17.577 34	0 195
Épuisement	7.246 40	0 080		7.594 93	0 084
Chaudières	3.855 17	0 053	(2.671 05 + 20 %)	3.265 95	0 036
Entretien général	13.731 34	0 153		20.577 75	0 228
Embranchement	1.262 70	0 014		1.380 10	0 015
Écurie	3.268 22	0 036		4.175 20	0 046
Infirmerie	1.196 40	0 013		2.286 55	0 025
Meunerie	43.090	0 300	Augm. proportionnel	38.842 57	0 432
	231.752ʳ 12	2ʳ 400		245.669ʳ 53	2ʳ 396

Tableau n° 2.

Prix de vente des sels gemmes du Donetz à diverses époques. (Prix de vente à la mine.)

PROVINCES	JUIN 1896 AVANT L'APPARITION SUR LE MARCHÉ DE LA MONNAIE FRANÇAISE				AU MOMENT DE LA BAISSE MAXIMA DES PRIX (JUILLET 1897)			
	Quantités (Roubles)	Quantités (Pouds)	Prix (Copeks)	Recettes brutes (Roubles)	Quantités (Tonnes)	Quantités (Pouds)	Prix (Copeks)	Recettes brutes (Roubles)
Pologne	15,000	2.745,000	11	376,820	60,000	3.600,000	4.25	155,000
LIGNES DU NORD								
Orel-Vitebsk	18,000	1.098,000	9		24,000	1.464,000	5.50	80,520
Vitebsk-Dunabourg	7,500	457,000	9	172,545	10,000	610,000	6.00	36,600
Libau-Romni	6,000	366,000	9		8,000	488,000	6.00	29,280
Polieski	.	.	.		2,000	122,000	5.00	6,100
SUD-OUEST								
Lignes du Sud	.	.	.					
Fastow-Nicolaeff	7,500	457,500	8 1/2	38,887	10,000	610,000	7.00	42,700
Ekaterinski	.	.	.					
Moscou	.	.	.	.	15,000	915,000	5.00	45,750
LIGNES DE L'EST								
Kursk-Karkoff-Azoff / Karkoff-Nicolaeff	21,000	1.465,000	8	117,190	30,000	1.830,000	4.00	73,200
Transcaucase	.	.	.	.	6,000	366,000	8.00	29,280
Voronèje	9,000	549,000	10	54,900	12,000	732,000	6.00	43,920
Divers	15,000	1.098,000	7	76,800	24,000	1.464,000	5.00	70,150
	135,000	8.935,000	9.52	847,752	200,000	12.200,000	5.02	613,020

diverses époques. (Prix de vente à la mine.)

JUILLET 1898 SITUATION ACTUELLE AVEC ENTENTE PARTIELLE				EN CAS D'ORGANISATION DU MONOPOLE — PRIX PROBABLE À RÉALISER D'APRÈS AVIS DES TENDEURS						OBSERVATIONS
Quantités (Tonnes)	Quantités (Pouds)	Prix (Copeks)	Recettes brutes (Roubles)	Quantités (Tonnes)	Prix (Francs)	Recettes brutes (Francs)	Quantités (Pouds)	Prix (Copeks)	Recettes brutes (Roubles)	
60,000	467,000 / 3.021,000 / 2.672,000	9 / 8 1/2	313,540	60,000	12.50	1.170,000	3.024,000	12 à 14	475,800	
24,000	1.464,000	7 1/2	159,860	24,000	11.25	312,000	1.464,000	9 à 10	131,180	
10,000	610,000	9	55,000	10,000	16.50	165,000	610,000	10 à 12	67,100	
8,000	488,000	8 1/2	41,380	8,000	16.75	126,000	488,000	9 à 12	21,250	
2,000	122,000	8	9,500	2,000	15.75	31,500	122,000	9 à 12	44,840	
	492,000	9		6,000	10.50		492,000	12 à 14		
10,000	610,000		52,816	10,000		172,000	610,000		69,967	
	307,000	8		4,000	12.75		307,000	8 à 9		
15,000	915,000	6	54,900	15,000	10.50	157,500	915,000	7	64,080	
30,000	1.830,000	9	164,700	30,000	15.75	472,500	1.830,000	9 à 12	192,050	
6,000	366,000	8 1/2	31,110	6,000	22.50	135,000	366,000	15	54,900	
12,000	732,000	8 1/2	62,220	12,000	15.00	184,000	732,000	8 à 12	73,200	
23,000	1.403,000	6 1/2	91,195	23,000	13.30	300,500	1.403,000	8 à 12	196,270	
200,000	12.200,000	8.08	980,571	200,000	16.31	3.262,050	12.200,000	40.00	1.296,207 / 8.253	Erreur sur les décimales.
									1.304,820	

8

Tableau n° 3.

Prix de vente en gros des sels du Donetz rendus aux lieux de consommation.

LIEUX DE CONSOMMATION.	PRIX de transport par wagon de 10 tonnes. Roubles.	PRIX de transport par poud. Cop.	PRIX DE VENTE EN GROS AUX LIEUX DE PRODUCTION				PRIX DE VENTE EN GROS AUX LIEUX DE CONSOMMATION				ACCROISSEMENT PROBABLE APRÈS ENTENTE		
			Juin 1886 Cop.	Juillet 1887 Cop.	Juillet 1888 Cop.	Probable après entente. Cop.	Juin 1886 Cop.	Juillet 1887 Cop.	Juillet 1888 Cop.	Probable après entente. Cop.	Par rapp* au prix minimum. Cop.	Par rapport au prix actuel. Cop.	0/0
POLOGNE.													
Varsovie	158.38	26.4	13	4.25	9	13	39.4	30.65	35.4	39.4	8.35	3.6	9
LIGNES DU NORD.													
Dunabourg { Transit	128.96	21.5	9	6	8	11	30.5	27.5	29.5	32.5	5.00	3.0	9
Dunabourg { Loco.	137.00	23					32	29	31	34			
SUD-OUEST.													
Odessa (par mer)	»	12 à 13	8 1/2	7	8 1/2	10	21	19 1/2	21	22 1/2	3.00	1.5	7
Moscou	83.75	14	»	5	6	7	»	19	20	21	2	1	5
LIGNES DU CENTRE.													
Kursk { Transit	58.63	10	8	4	9	10	18	14	19	20	6	1	5
Kursk { Loco.	74.57	12.4					20.4	16.4	21.4	22.4			
Voronèje	80.48	13.36	10	6	8.5	10	23.36	19.36	21.86	23.36	4	1.5	7

IMPRIMERIE CENTRALE DES CHEMINS DE FER. — IMPRIMERIE CHAIX. — RUE BERGÈRE, 20, PARIS. — 18168-8-8.